Impressum
Verlag: BABADADA GmbH, Nedderfeld 112 , 22529 Hamburg
Geschäftsführer / Verlagsleitung: Harald Hof
Druck: Books on Demand GmbH, In de Tarpen 42, 22848 Norderstedt

Imprint
Publisher: BABADADA GmbH, Nedderfeld 112 , 22529 Hamburg, Germany
Managing Director / Publishing direction: Harald Hof
Print: Books on Demand GmbH, In de Tarpen 42, 22848 Norderstedt, Germany

escola
escola

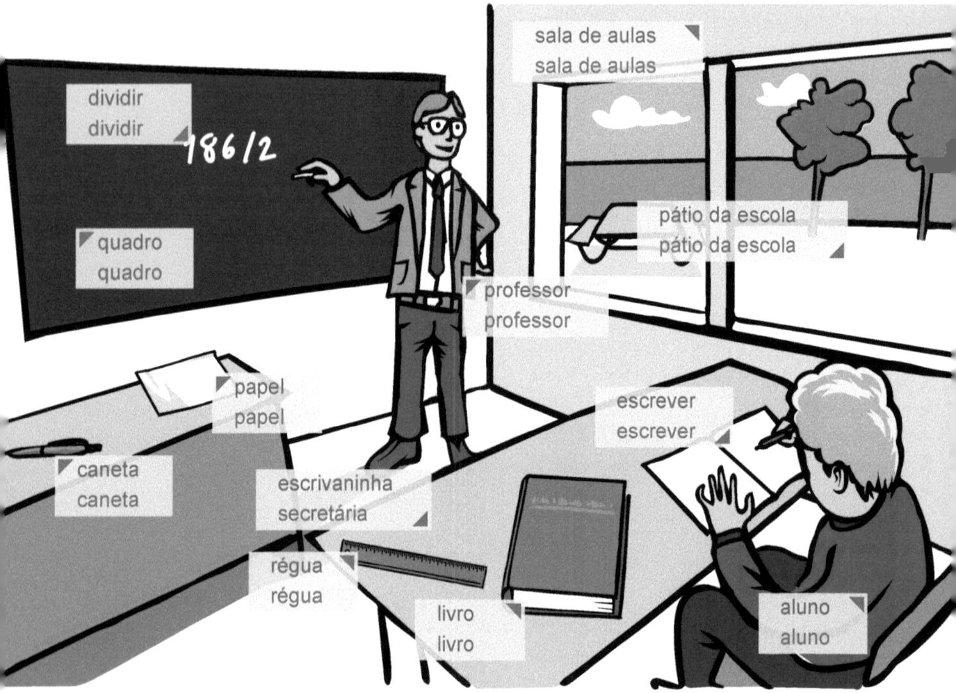

sala de aulas
sala de aulas
dividir
dividir
186/2
quadro
quadro
pátio da escola
pátio da escola
professor
professor
papel
papel
escrever
escrever
caneta
caneta
escrivaninha
secretária
régua
régua
livro
livro
aluno
aluno

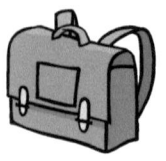

sacola
mochila

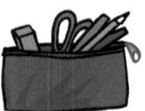

estojo de lápis
estojo de lápis

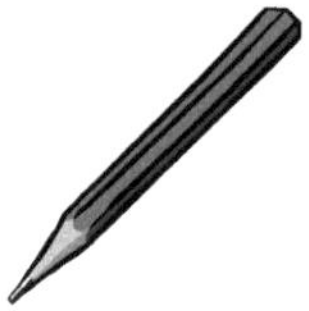

lápis
lápis

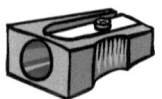

apontador de lápis
afia-lápis

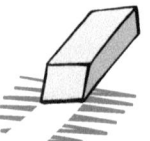

borracha
borracha

bloco de desenho
bloco de desenho

desenho

desenho

pincel

pincel

estojo de tintas

caixa de tintas

tesoura

tesoura

cola

cola

livro de exercícios

livro de exercícios

lição de casa

rabalhos de casa

número

número

somar

somar

subtrair

subtrair

multiplicar

multiplicar

calcular

calcular

letra

letra

ABCDEFG
HIJKLMN
OPQRSTU
VWXYZ

alfabeto

alfabeto

palavra

palavra

escola - escola

texto

texto

ler

ler

giz

giz

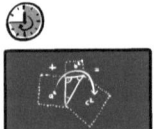

hora

hora

registro da classe

registo de presenças

exame

exame

certificado

certificado

uniforme escolar

uniforme escolar

educação

educação

enciclopédia

enciclopédia

universidade

universidade

microscópio

microscópio

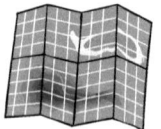

mapa

mapa

cesto de lixo

cesto de lixo

viagem

viagem

hotel
hotel
Grand
albergue
hostel
ROOMS
EXCHANGE
casa de câmbio
casa de câmbio
mala
mala
carro
carro

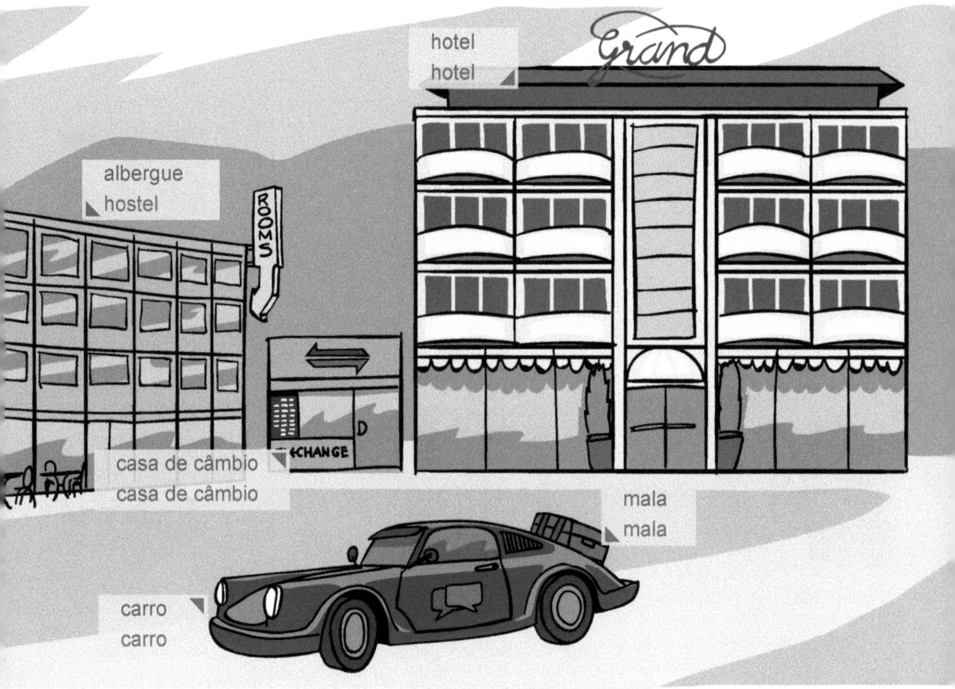

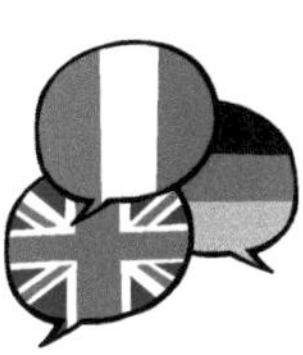

idioma

idioma

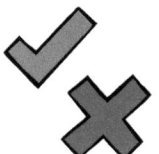

sim / não

sim / não

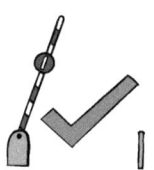

ok

ok / certo / correto

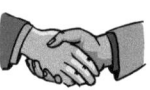

Olá

olá

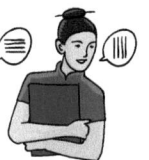

tradutor

intérprete

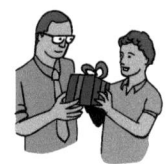

obrigado

obrigado

quanto custa...?

quanto é que custa... ?

eu não entendo

não entendo

problema

problema

boa noite!

boa noite!

Bom dia!

Bom dia!

Boa noite!

Boa noite!

até logo

adeus

direção

direção

bagagem

bagagem

bolsa

saco

mochila

mochila

convidado

convidado

quarto

quarto

saco de dormir

saco-cama

barraca

tenda

informação turística

informação turística

praia

praia

cartão de crédito

cartão de crédito

café da manhã

pequeno-almoço

almoço

almoço

jantar

jantar

bilhete

bilhete

elevador

elevador

selo

selo postal

fronteira

fronteira

alfândega

alfândega

embaixada

embaixada

visto

visto

passaporte

passaporte

viagem - viagem

7

transporte
transporte

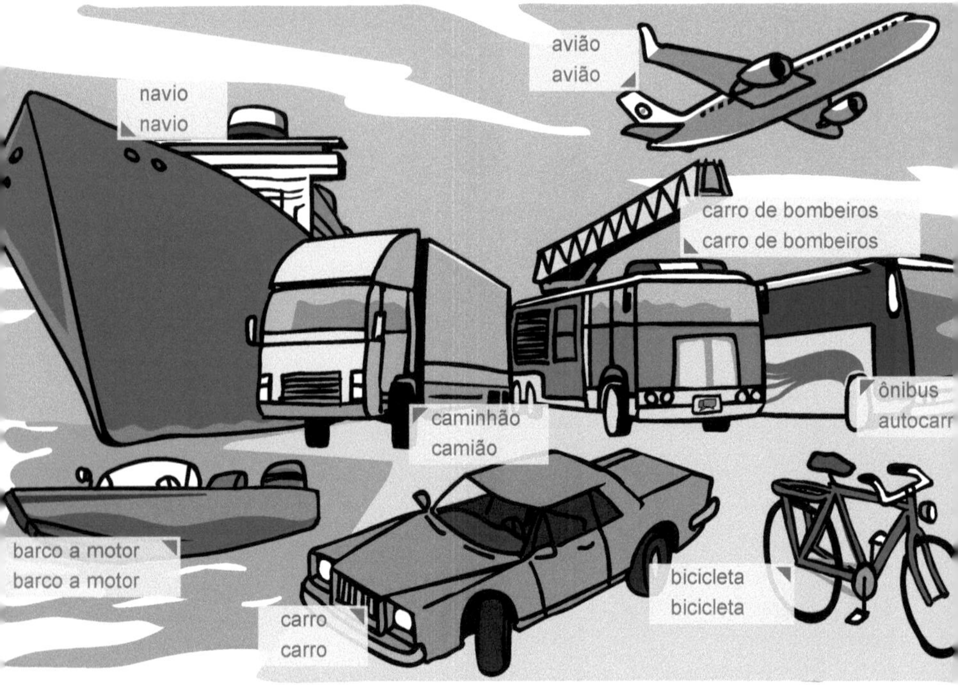
avião
avião
navio
navio
carro de bombeiros
carro de bombeiros
ônibus
autocarr
caminhão
camião
barco a motor
barco a motor
bicicleta
bicicleta
carro
carro

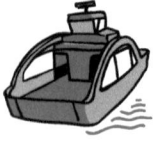

balsa
cacilheiro

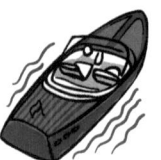

barco
barco

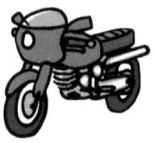

motocicleta
mota

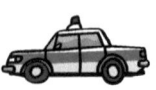

veículo policial
carro de polícia

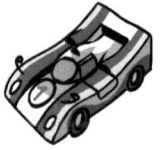

carro de corrida
carro de corrida

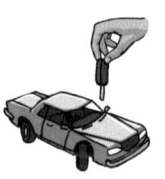

carro de aluguel
carro alugado

mpartilhamento de
automóvel
carsharing

caminhão de reboque
....
camião de reboque

caminhão de lixo
....
camião do lixo

motor
....
motor

combustível
....
combustível

posto de gasolina
....
estação de serviço

placa de trânsito
....
sinal de trânsito

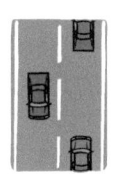

trânsito
....
trânsito

trânsito lento
....
congestionamento de
trânsito

estacionamento
....
ue de estacionamento

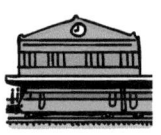

estação de trem
....
estação ferroviária

trilhos
....
carris

trem
....
comboio

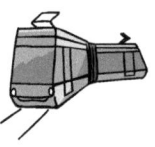

bonde
....
elétrico

vagão
....
carruagem

helicóptero
helicóptero

aeroporto
aeroporto

torre
torre

passageiro
passageiro

contêiner
contentor

cartolina
caixa de papelão

carroça
carrinho

cesto
cesto

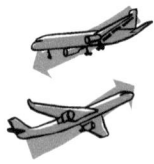

decolar / pousar
levantar voo / aterrar

cidade
cidade

vilarejo
aldeia

centro da cidade
centro da cidade

casa
casa

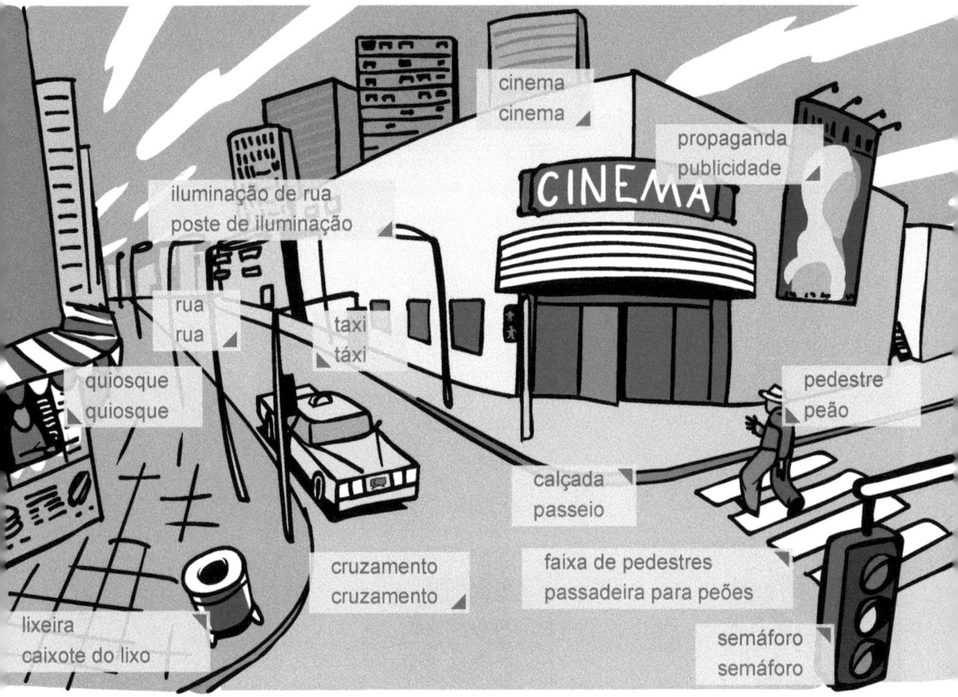

cinema
cinema

propaganda
publicidade

iluminação de rua
poste de iluminação

CINEMA

rua
rua

táxi
táxi

pedestre
peão

quiosque
quiosque

calçada
passeio

cruzamento
cruzamento

faixa de pedestres
passadeira para peões

lixeira
caixote do lixo

semáforo
semáforo

cabana
cabana

apartamento
apartamento

estação de trem
estação ferroviária

prefeitura
câmara municipal

museu
museu

escola
escola

cidade - cidade

universidade

universidade

banco

banco

hospital

hospital

hotel

hotel

farmácia

farmácia

escritório

escritório

livraria

livraria

loja

loja

floricultura

florista

supermercado

supermercado

mercado

mercado

loja de departamentos

loja de departamentos

peixaria

peixaria

centro comercial

centro comercial

porto

porto

parque
parque

banco
banco

ponte
ponte

escadas
escadas

metrô
metro

túnel
túnel

ponto de ônibus
ragem de autocarro

bar
bar

restaurante
restaurante

a de correspondência
caixa de correio

placa de rua
sinal de trânsito

parquímetro
parquímetro

zoológico
jardim zoológico

piscina
piscina

mesquita
mesquita

fazenda

quinta

poluição

poluição

cemitério

cemitério

igreja

igreja

parquinho

parque infantil

templo

templo

paisagem
paisagem

folha
folha

placa de sinalização
placa de sinalização

caminho
caminho

gramado
prado

pedra
pedra

árvore
árvore

caminhantes
caminhantes

rio
rio

grama
relva

flor
flor

vale
vale

montanha
montanha

lago
lago

floresta
floresta

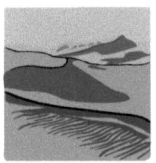

deserto
deserto

vulcão
vulcão

castelo
castelo

arco-íris
arco-íris

cogumelo
cogumelo

palmeira
palma

mosquito
mosquito

mosca
mosca

formiga
formiga

abelha
abelha

aranha
aranha

besouro

besouro

sapo

sapo

esquilo

esquilo

ouriço

ouriço

lebre

lebre

coruja

coruja

pássaro

pássaro

cisne

cisne

javali

javali

veado

veado

alce

alce

barragem

barragem

aerogerador

turbina eólica

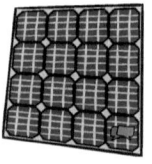

painel solar

painel solar

clima

clima

restaurante

restaurante

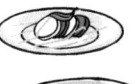

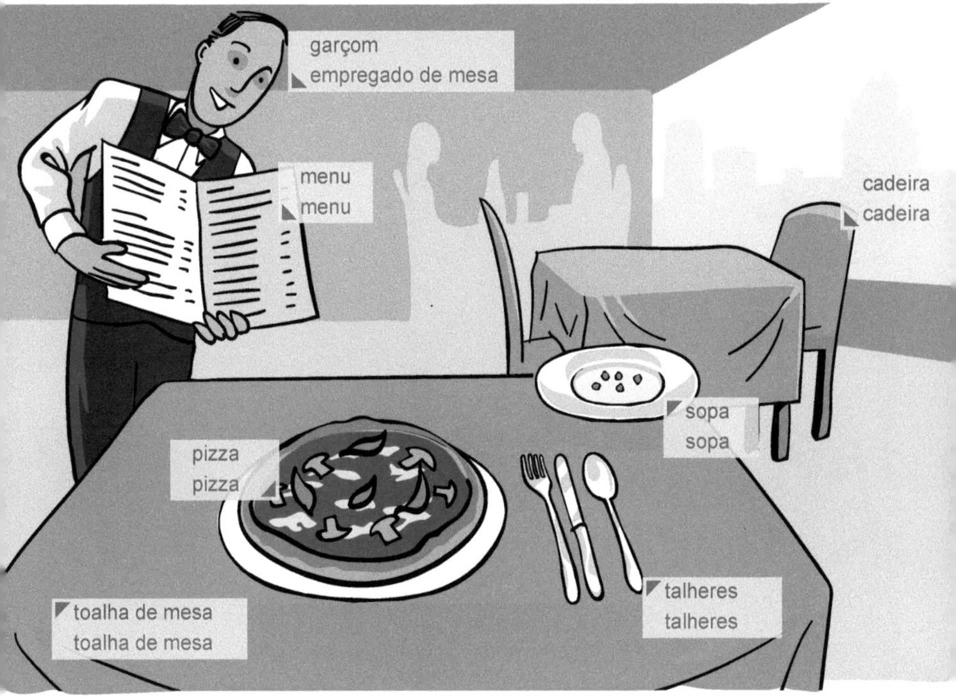
garçom
empregado de mesa
menu
menu
cadeira
cadeira
sopa
sopa
pizza
pizza
talheres
talheres
toalha de mesa
toalha de mesa

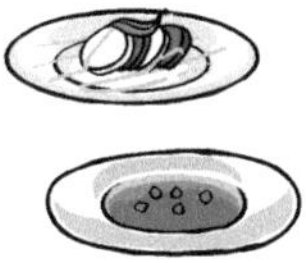

entrada

entrada

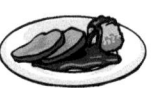

prato principal

prato principal

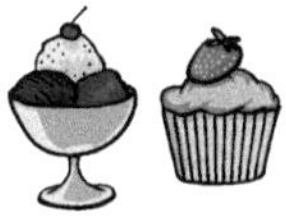

sobremesa

sobremesa

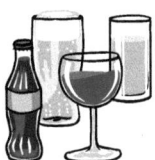

bebidas

bebidas

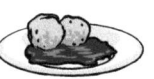

comida

comida

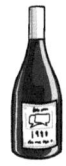

garrafa

garrafa

fastfood

fast food

comida de rua

comida de rua

bule de chá

bule de chá

açucareiro

açucareiro

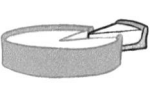

porção

porção

máquina de expresso

máquina de café expresso

cadeirão

cadeira alta

conta

conta

bandeja

bandeja

faca

faca

garfo

garfo

colher

colher

colher de chá

colher de chá

guardanapo

guardanapo

copo

copo

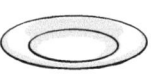

prato

prato

prato de sopa

prato de sopa

pires

pires

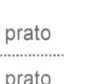

molho

molho

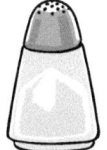

saleiro

saleiro

moedor de pimenta

moinho de pimenta

vinagre

vinagre

óleo

óleo

especiarias

especiarias

ketchup

ketchup

mostarda

mostarda

maionese

maionese

supermercado

supermercado

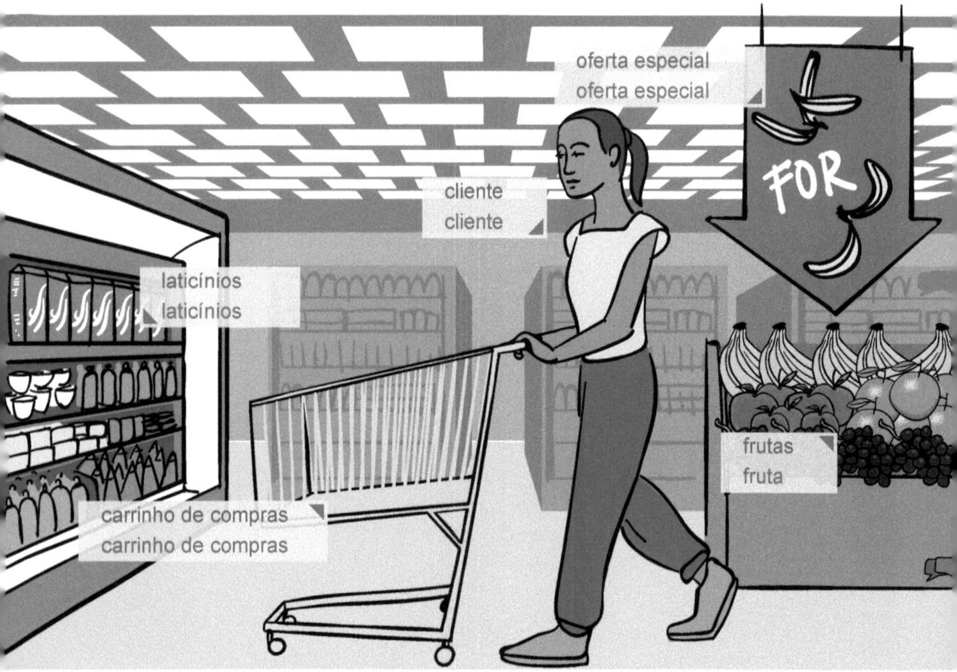

oferta especial
oferta especial
FOR
cliente
cliente
laticínios
laticínios
frutas
fruta
carrinho de compras
carrinho de compras

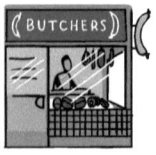

BUTCHERS

açougue
talho

BAKERY

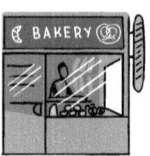

padaria
padaria

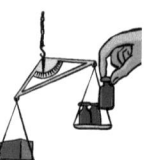

pesar
pesar

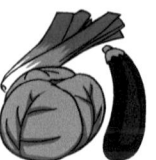

legumes
vegetais

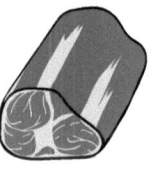

carne
carne

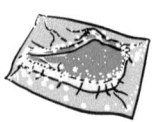

congelados
alimentos congelados

charcutaria
charcutaria

conservas
comida enlatada

detergente em pó
detergente em pó

doces
doces

artigos domésticos
artigos domésticos

produtos de limpeza
produtos de limpeza

vendedora
vendedora

caixa
caixa

caixa
caixa

lista de compras
lista de compras

horário de funcionamento
horário de funcionamento

carteira
carteira

cartão de crédito
cartão de crédito

sacola
saco

saco plástico
saco de plástico

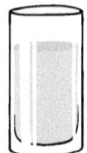

água

água

suco

sumo

leite

leite

coca-cola

coca-cola

vinho

vinho

cerveja

cerveja

álcool

álcool

cacau

cacau

chá

chá

café

café

expresso

café expresso

cappuccino

capuccino

banana
banana

maçã
maçã

laranja
laranja

melão
melão

limão
limão

cenoura
cenoura

alho
alho

bambu
bambu

cebola
cebola

cogumelo
cogumelo

nozes
nozes

macarrão
talharim

espaguete

esparguete

arroz

arroz

salada

salada

batatas fritas

batatas fritas

batatas frias

batatas fritas

pizza

pizza

hambúrger

hambúrguer

sanduíche

sanduíche

escalope

bife panado

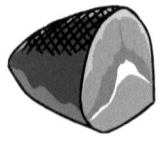

presunto

fiambre

salame

salame

salsicha

salsicha

galinha

galinha

assado

assado

peixe

peixe

comida - comida

flocos de aveia

flocos de aveia

granola

muesli

flocos de milho

flocos de milho

farinha

farinha

croissant

croissant

pãozinho

carcaça (pãozinho)

pão

pão

torrada

torrada

biscoitos

biscoitos

manteiga

manteiga

requeijão

requeijão

bolo

bolo

ovo

ovo

ovo frito

ovo estrelado

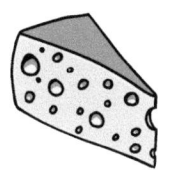

queijo

queijo

sorvete

gelado

açúcar

açúcar

mel

mel

geleia

compota

creme de avelãs

creme de nougat

curry

caril

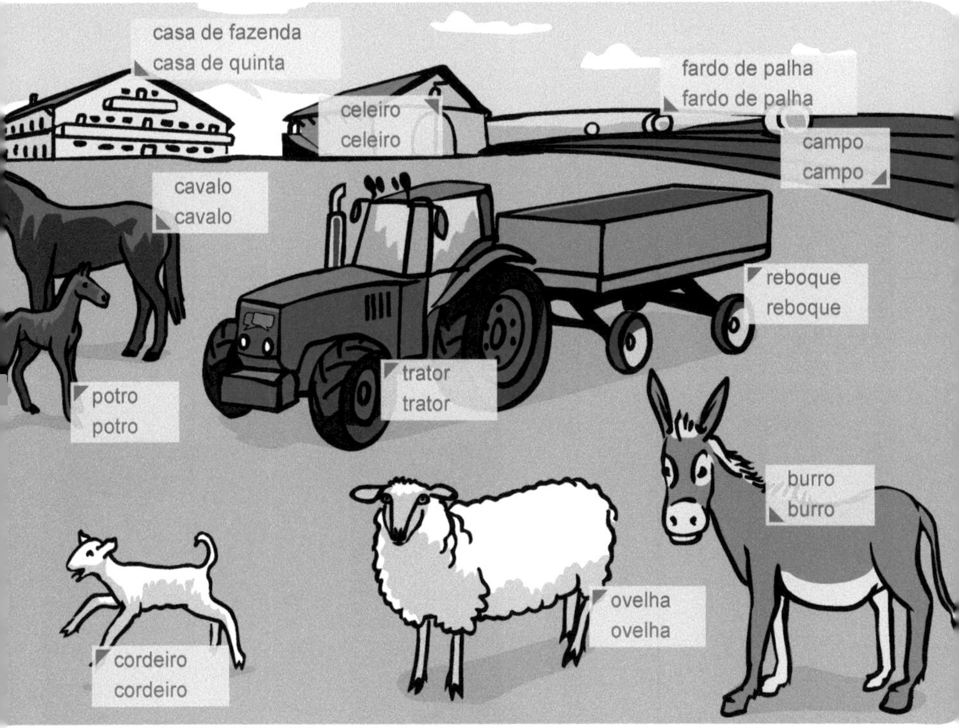

casa de fazenda
casa de quinta

celeiro
celeiro

fardo de palha
fardo de palha

campo
campo

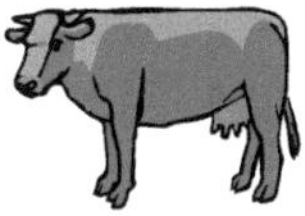

cavalo
cavalo

reboque
reboque

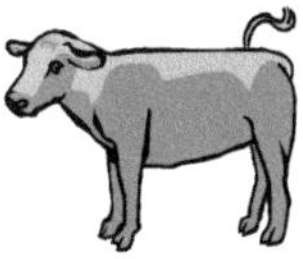

trator
trator

potro
potro

burro
burro

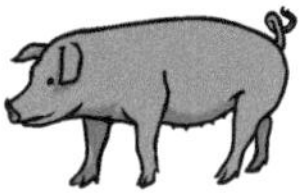

cordeiro
cordeiro

ovelha
ovelha

cabra	vaca	bezerro
cabra	vaca	bezerro

porco	leitão	touro
porco	leitão	touro

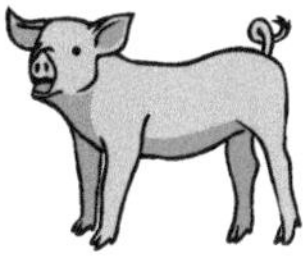

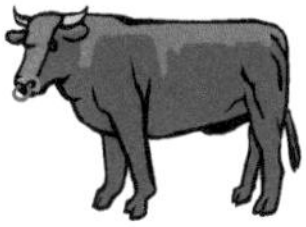

ganso

ganso

pato

pato

pintinho

pintainho

galinha

galinha

galo

galo

ratazana

ratazana

gato

gato

camundongo

rato

boi

boi

cachorro

cão

casinha do cachorro

casota

mangueira de jardim

mangueira de jardim

regador

regador

foice

foice

arado

arado

fazenda - quinta

foice
foice

enxada
enxada

forquilha
forquilha

machado
machado

carrinho de mão
carrinho de mão

manjedoura
manjedoura

jarra de leite
jarro de leite

saco
saco

cerca
cerca

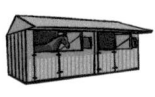

estábulo
estábulo

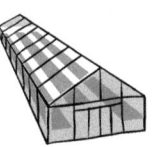

estufa
estufa

solo
solo

semente
semente

fertilizante
fertilizante

colheitadeira
ceifeira-debulhadora

colher
colher

colheita
colheita

inhame
inhame

trigo
trigo

soja
soja

batata
batata

milho
milho

colza
colza

árvore frutífera
árvore de fruto

mandioca
mandioca

cereais
cereais

chaminé
chaminé

telhado
telhado

calhas de chuva
caleira

janela
janela

garagem
garagem

campainha da porta
campainha da porta

porta
porta

lata de lixo
balde do lixo

caixa de correspondência
caixa de correio

jardim
jardim

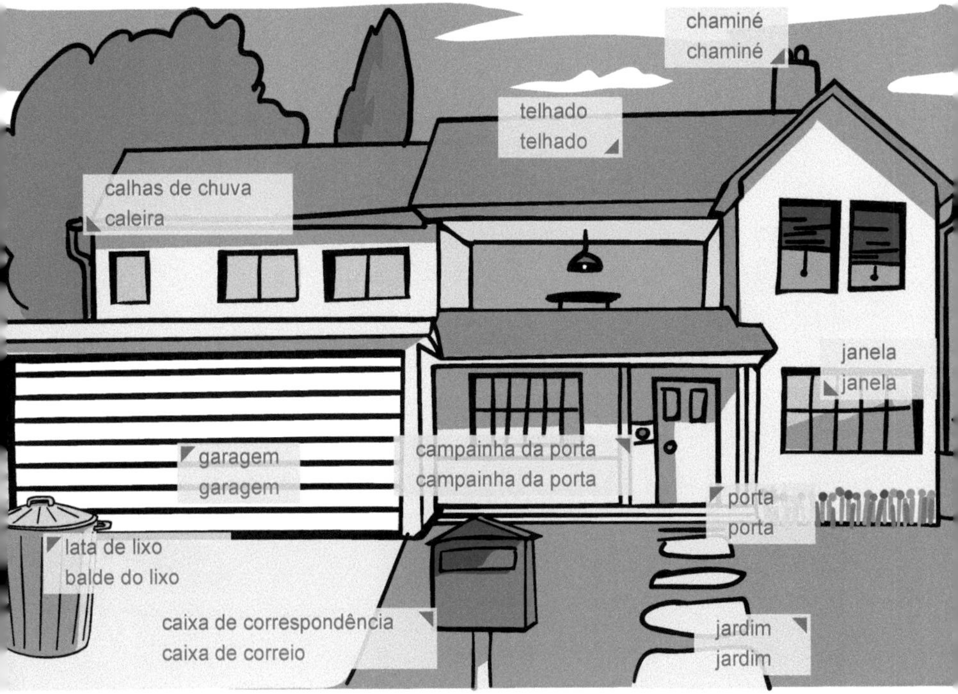

sala de estar
sala de estar

banheiro
casa de banho

cozinha
cozinha

quarto de dormir
quarto de dormir

quarto de criança
quarto de criança

sala de jantar
sala de jantar

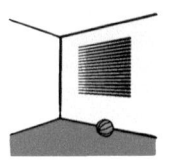

chão

chão

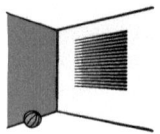

parede

parede

teto

teto

porão

cave

sauna

sauna

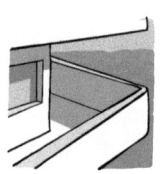

varanda

varanda

terraço

terraço

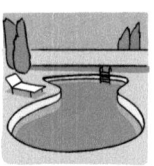

piscina

piscina

cortador de grama

máquina de cortar relvado

lençol

lençol

coberta

cobertor

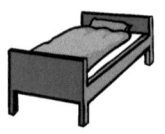

cama

cama

vassoura

vassoura

balde

balde

interruptor

interruptor

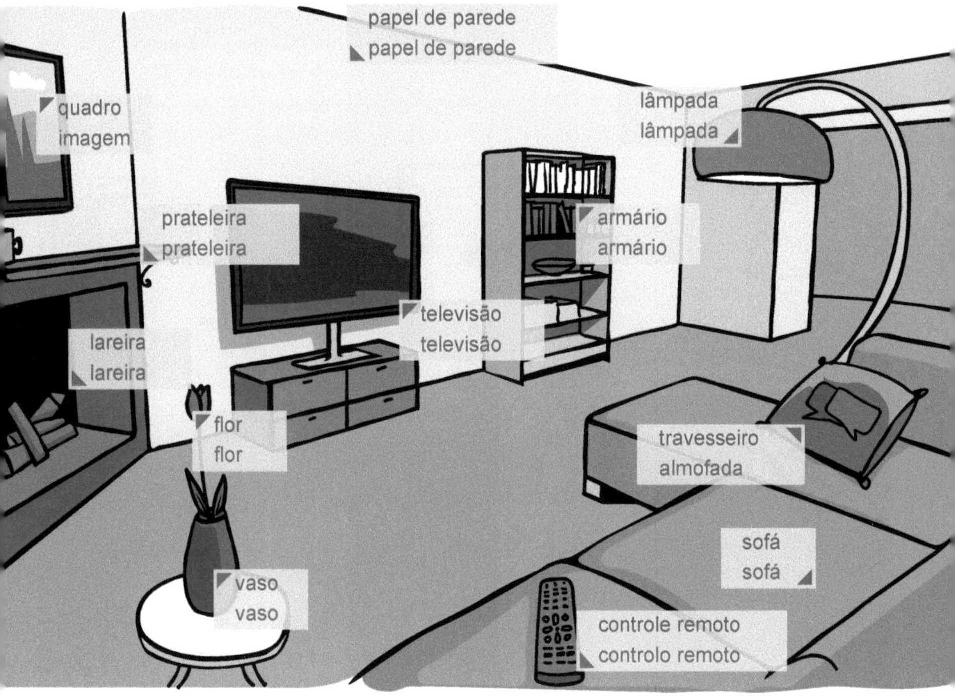

papel de parede
papel de parede

quadro
imagem

lâmpada
lâmpada

prateleira
prateleira

armário
armário

televisão
televisão

lareira
lareira

flor
flor

travesseiro
almofada

vaso
vaso

sofá
sofá

controle remoto
controlo remoto

tapete
tapete

cortina
cortina

mesa
mesa

cadeira
cadeira

cadeira de balanço
cadeira de baloiço

poltrona
poltrona

livro

livro

cobertor

cobertor

decoração

decoração

lenha

lenha

filme

filme

equipamento de som

sistema estéreo

chave

chave

jornal

jornal

pintura

pintura

pôster

póster

rádio

rádio

bloco de notas

bloco de notas

aspirador

aspirador

cacto

cato

vela

vela

cozinha
cozinha

geladeira
frigorífico
microondas
microondas
balança de cozinha
balança de cozinha
tostadeira
torradeira
detergente
detergente
forno
forno
eezer
ongelador
lata de lixo
balde do lixo
lava-louças
máquina de lavar louça

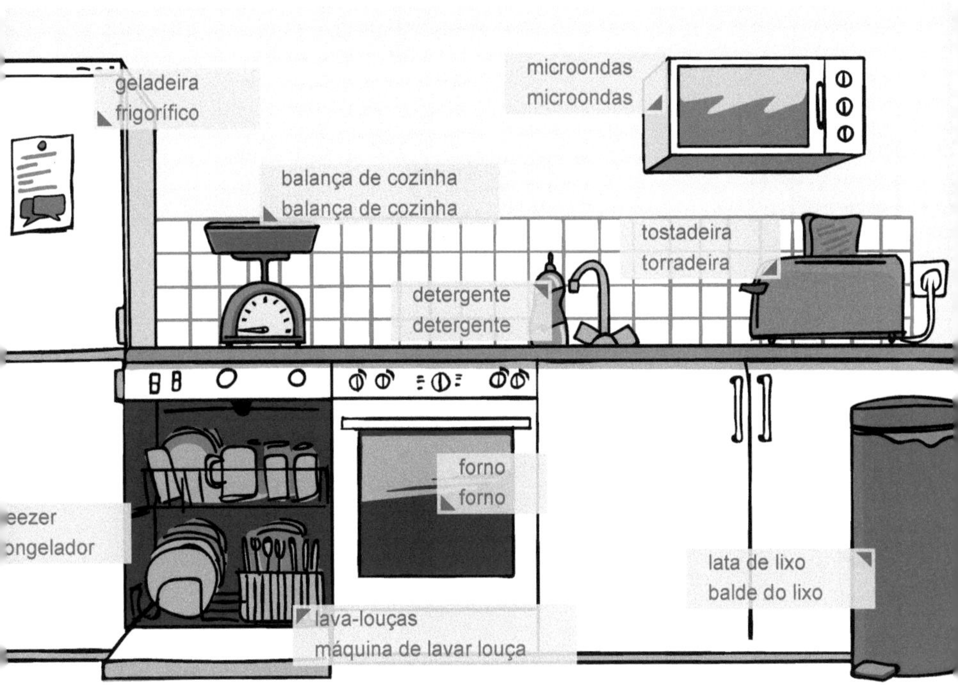

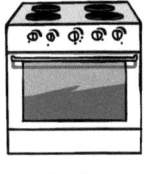

fogão

fogão

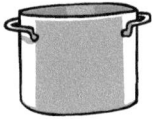

panela

panela

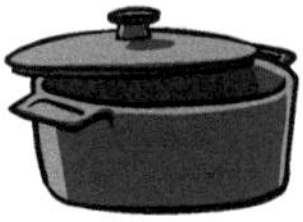

panela de ferro

panela de ferro

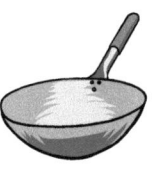

wok / kadai

wok / kadai

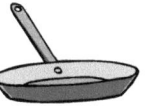

frigideira

frigideira

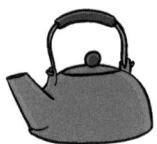

chaleira

chaleira

panela a vapor

panela a vapor

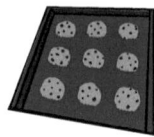

tabuleiro de forno

tabuleiro de forno

louça

louça

caneca

caneca

caçarola

tigela

hashi

pauzinhos

concha de sopa

concha de sopa

espátula

espátula

batedor

batedor de claras

escorredor

escorredor

peneira

peneira

ralador

ralador

almofariz

almofariz

churrasqueira

churrasqueira

lareira

lareira

tábua de cortar
tábua de cortar

rolo da massa
rolo da massa

saca-rolhas
saca-rolhas

lata
lata

abridor de latas
abridor de latas

pegador de panela
luvas de forno

pia
lava-loiça

escova
escova

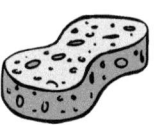

esponja
esponja

liquidificador
liquidificador

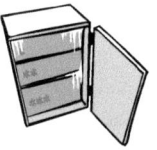

congelador
arca frigorífica

mamadeira
biberão

torneira
torneira

cozinha - cozinha

37

banheiro
casa de banho

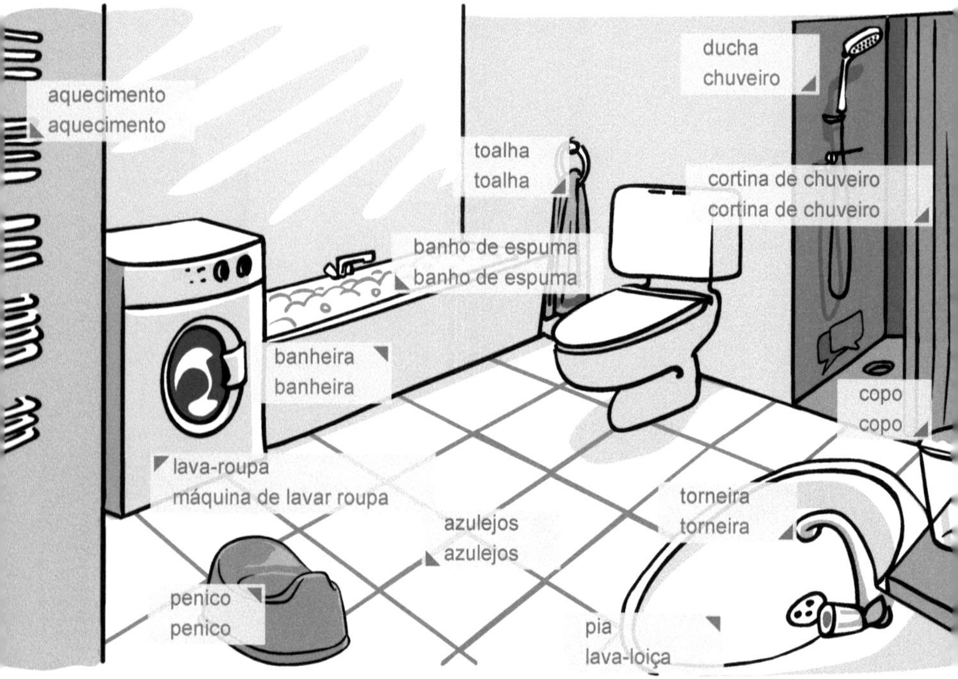

aquecimento
aquecimento

ducha
chuveiro

toalha
toalha

cortina de chuveiro
cortina de chuveiro

banho de espuma
banho de espuma

banheira
banheira

copo
copo

lava-roupa
máquina de lavar roupa

torneira
torneira

azulejos
azulejos

penico
penico

pia
lava-loiça

vaso sanitário

sanita

lavabo de agachar

retrete turca

bidê

bidé

mictório

urinol

papel higiênico

papel higiénico

escova de privada

piaçaba

escova de dentes
escova de dentes

pasta de dentes
pasta de dentes

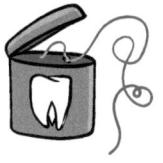

fio dental
fio dentário

lavar
lavar

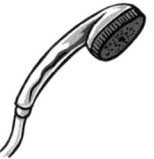

ducha de mão
chuveiro de mão

ducha íntima
duche íntimo

bacia
bacia

escova para as costas
escova para as costas

sabonete
sabonete

gel de banho
gel de banho

xampu
champô

toalha de rosto
toalha de rosto

escoamento
escoamento

creme
creme

desodorante
desodorizante

espelho
espelho

espelho de mão
espelho de mão

barbeador
máquina de barbear

espuma de barbear
creme de barbear

loção pós-barba
loção pós-barba

pente
pente

escova
escova

secador de cabelo
secador de cabelo

spray de cabelo
spray de cabelo

maquiagem
maquilhagem

batom
batom

esmalte de unhas
verniz de unhas

algodão
algodão

tesoura para unhas
tesoura para unhas

perfume
perfume

nécessaire
....
nécessaire

banquinho
....
tamborete

balança
....
balança

roupão de banho
....
roupão de banho

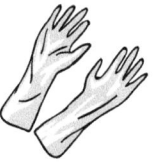

luvas de borracha
....
luvas de borracha

absorvente interno
....
tampão

absorvente íntimo
....
penso higiénico

banheiro químico
....
WC químico

quarto de criança
quarto de criança

despertador
despertador
boneco de pelúcia
peluche
carrinho de brinquedo
carro de brincar
chacoalho
chocalho
casa de bonecas
casa de bonecas
presente
presente

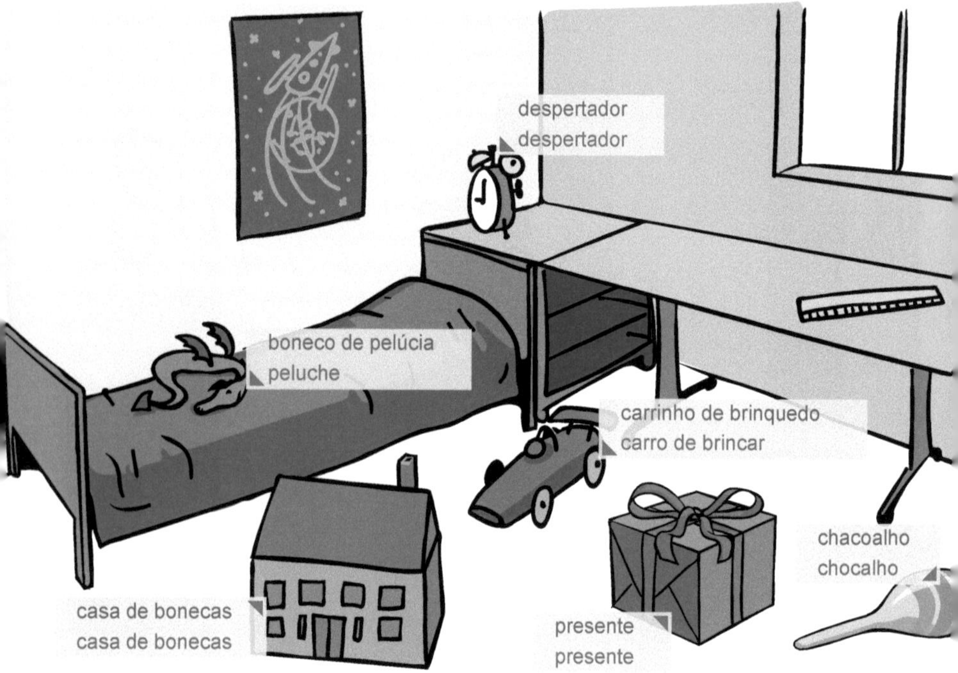

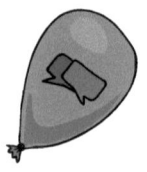

balão

balão

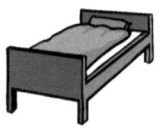

cama

cama

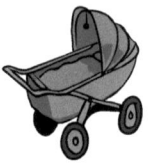

carrinho de bebê

carrinho de bebé

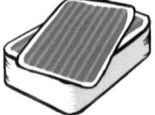

jogo de cartas

jogo de cartas

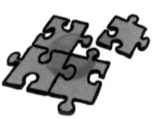

quebra-cabeças

quebra-cabeças

revista de quadrinhos

banda desenhada

peças de Lego
peças de Lego

blocos de construção
blocos de construção

figura de ação
figura de ação

acaquinho de bebê
fato de bebé

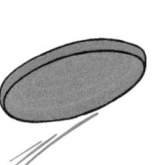

frisbee
Frisbee

móbile para bebé
móbile para bebé

jogo de tabuleiro
jogo de tabuleiro

dados
dados

trenzinho elétrico
pista de comboio elétrico

chupeta
chupeta

festa
festa

livro ilustrado
livro ilustrado

bola
bola

boneca
boneca

brincar
jogar

caixa de areia

caixa de areia

balanço

baloiço

brinquedos

brinquedos

videogame

consola de jogos

triciclo

triciclo

ursinho de pelúcia

ursinho de peluche

guarda-roupa

guarda-roupa

vestuário

vestuário

meias

meias

meias pelo joelho

meias pelo joelho

meias-calças

meias-calças

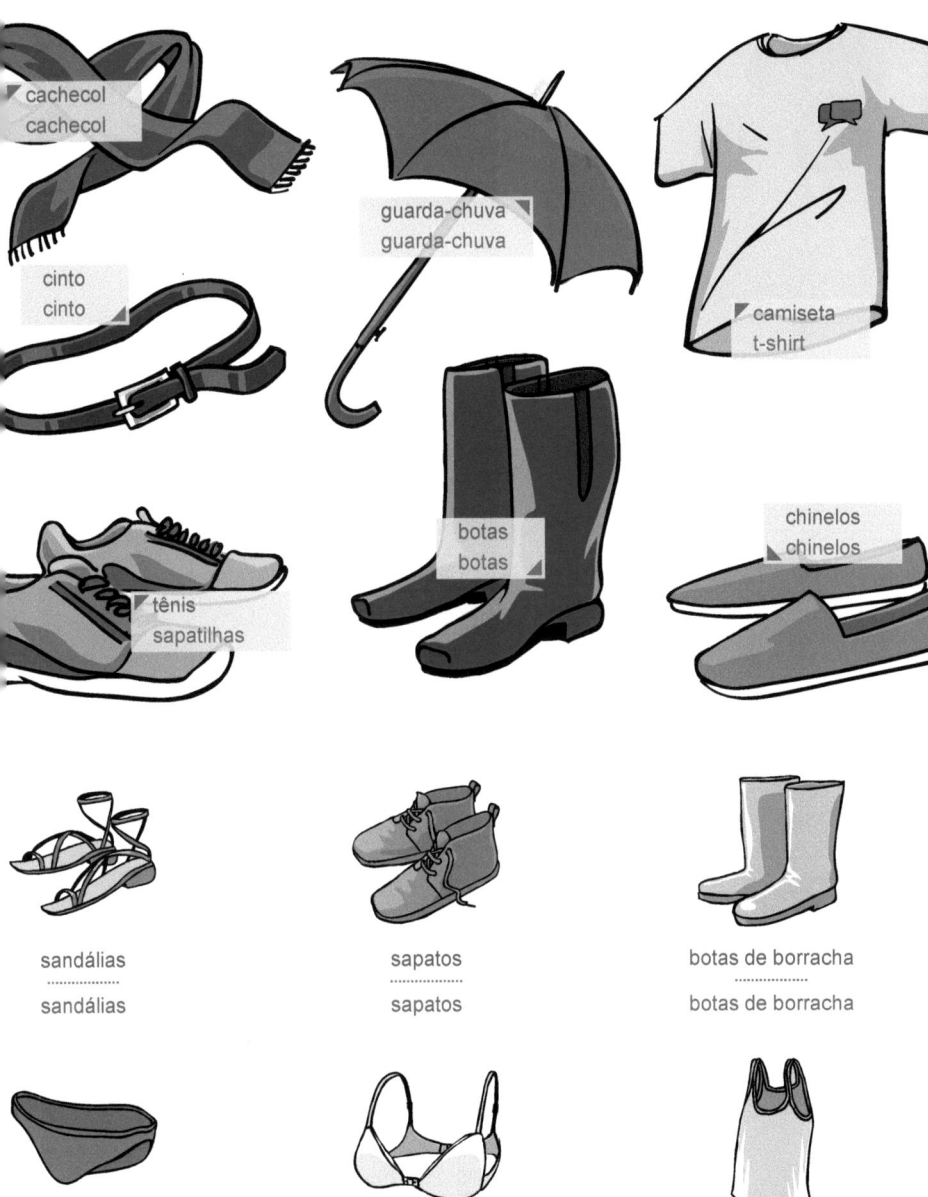

cachecol
cachecol

guarda-chuva
guarda-chuva

camiseta
t-shirt

cinto
cinto

botas
botas

chinelos
chinelos

tênis
sapatilhas

sandálias
sandálias

sapatos
sapatos

botas de borracha
botas de borracha

roupa de baixo
cuecas

sutiã
sutiã

camiseta de baixo
camisola interior

body
body

calças
calças

jeans
calças de ganga

saia
saia

blusa
blusa

camisa
camisa

pulôver
pulôver

suéter com capuz
camisola com capuz

blazer
blazer

jaqueta
casaco

casaco
manto

gabardine
gabardina

traje
traje

vestido
vestido

vestido de casamento
vestido de casamento

terno
fato

camisola
camisa de dormir

pijama
pijama

sari
sari

lenço de cabeça
lenço de cabeça

turbante
turbante

burca
burca

cafetã
cafetã

abaya
abaya

maiô
fato de banho

sunga
calções de banho

shorts
calções

roupa de treino
fato de treino

avental
avental

luvas
luvas

botão

botão

óculos

óculos

pulseira

pulseira

colar

colar

anel

anel

brinco

brinco

boné

boné

cabide

cabide

chapéu

chapéu

gravata

gravata

zíper

fecho de correr

capacete

capacete

suspensórios

suspensórios

uniforme escolar

uniforme escolar

uniforme

uniforme

babador
babete

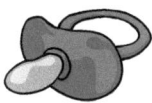

chupeta
chupeta

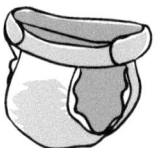

fralda
fralda

escritório
escritório

servidor
servidor

armário de arquivos
armário de arquivo

impressora
impressora

monitor
ecrã

papel
papel

escrivaninha
secretária

mouse
rato

pasta
pasta

teclado
teclado

cesto de lixo
cesto de lixo

computador
computador

cadeira
cadeira

xícara de café
caneca de café

calculadora
calculadora

internet
internet

laptop
computador portátil

carta
carta

mensagem
mensagem

celular
telemóvel

rede
rede

copiadora
fotocopiadora

software
software

telefone
telefone

tomada
tomada elétrica

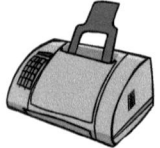

fax
fax

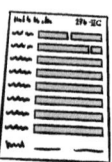

formulário
formulário

documento
documento

comprar
comprar

pagar
pagar

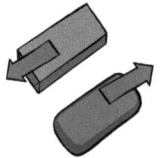

negociar
negociar

dinheiro
dinheiro

USD

Dólar
dólar

EUR

Euro
euro

JPY

Yen
yen

RUB

rublo
rublo

CHF

franco suíço
franco suíço

CNY

renminbi yuan
renminbi yuan

INR

rupia
rupia

caixa eletrônico
caixa de multibanco

casa de câmbio
casa de câmbio

ouro
ouro

prata
prata

petróleo
petróleo

energia
energia

preço
preço

contrato
contrato

imposto
imposto

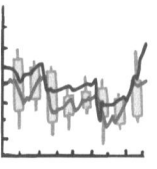

ação
ação

trabalhar
trabalhar

empregado
empregado

empregador
entidade patronal

fábrica
fábrica

loja
loja

profissões

profissões

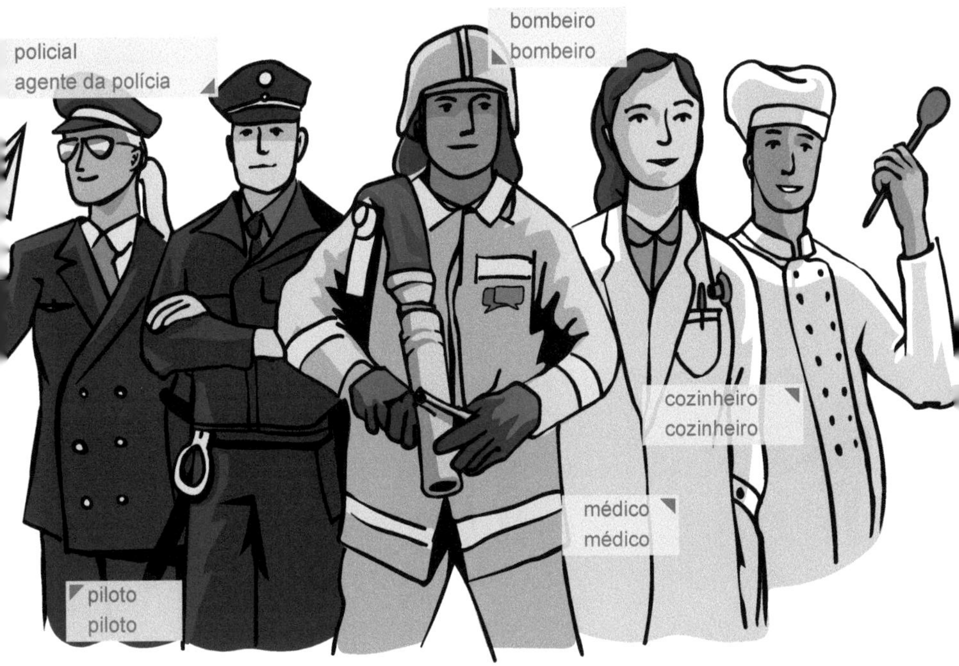
bombeiro
bombeiro
policial
agente da polícia
cozinheiro
cozinheiro
médico
médico
piloto
piloto

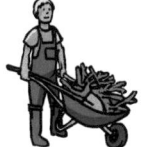

jardineiro

jardineiro

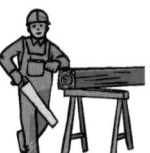

marceneiro

carpinteiro

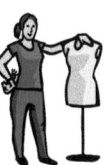

costureira

costureira

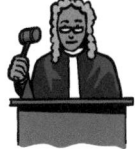

juiz

juiz

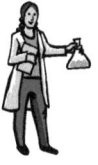

químico

químico

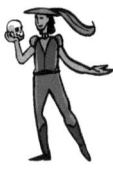

ator

ator

motorista de ônibus

motorista de autocarro

motorista de táxi

motorista de táxi

pescador

pescador

faxineira

empregada de limpeza

telhador

telhador

garçom

empregado de mesa

caçador

caçador

pintor

pintor

padeiro

padeiro

eletricista

eletricista

construtor

construtor

engenheiro

engenheiro

açougueiro

talhante

encanador

canalizador

carteiro

carteiro

soldado
soldado

arquiteto
arquiteto

caixa
caixa

florista
florista

cabelereiro
cabeleireiro

condutor
controlador de bilhetes

mecânico
mecânico

capitão
capitão

dentista
dentista

cientista
cientista

rabino
rabino

imam
imã

monge
monge

pastor
pastor

ferramentas
ferramentas

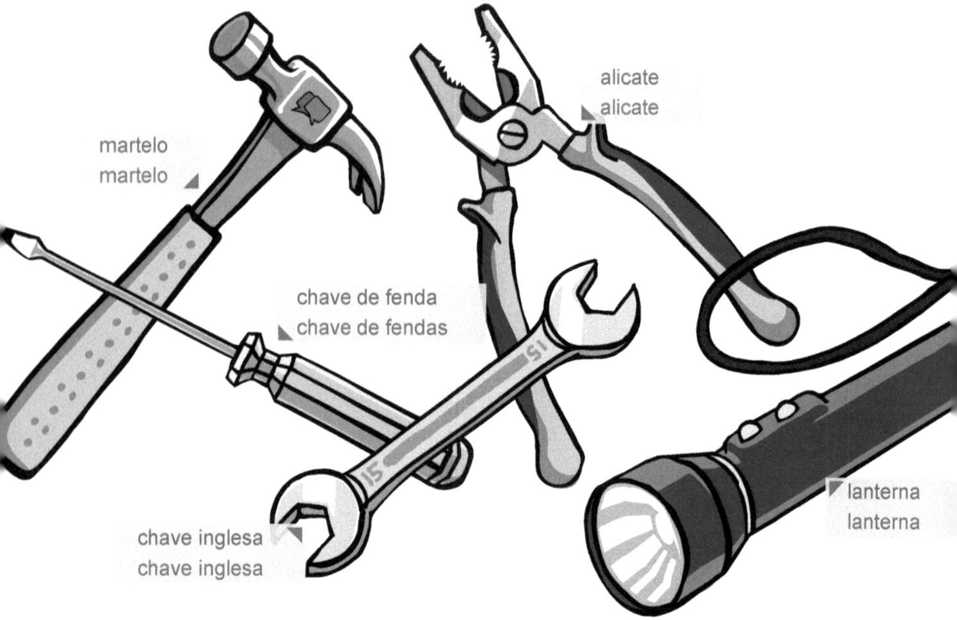
alicate
alicate
martelo
martelo
chave de fenda
chave de fendas
lanterna
lanterna
chave inglesa
chave inglesa

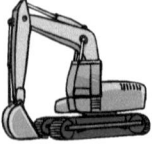

escavadora
escavadora

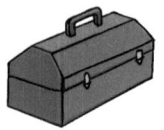

caixa de ferramentas
caixa de ferramentas

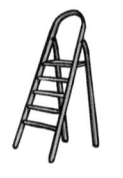

escada de mão
escadote

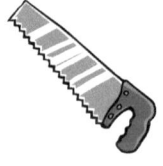

serra
serra

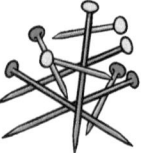

pregos
pregos

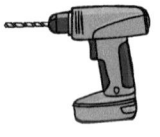

furadeira
broca

consertar

reparar

pá

pá

Droga!

porcaria!

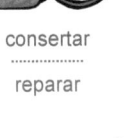

pá de lixo

pá de lixo

pote de tinta

pote de tinta

parafusos

parafusos

instrumentos musicais
instrumentos musicais

bateria
bateria

alto-falante
altifalante

guitarra
guitarra

contrabaixo
contrabaixo

trompete
trompete

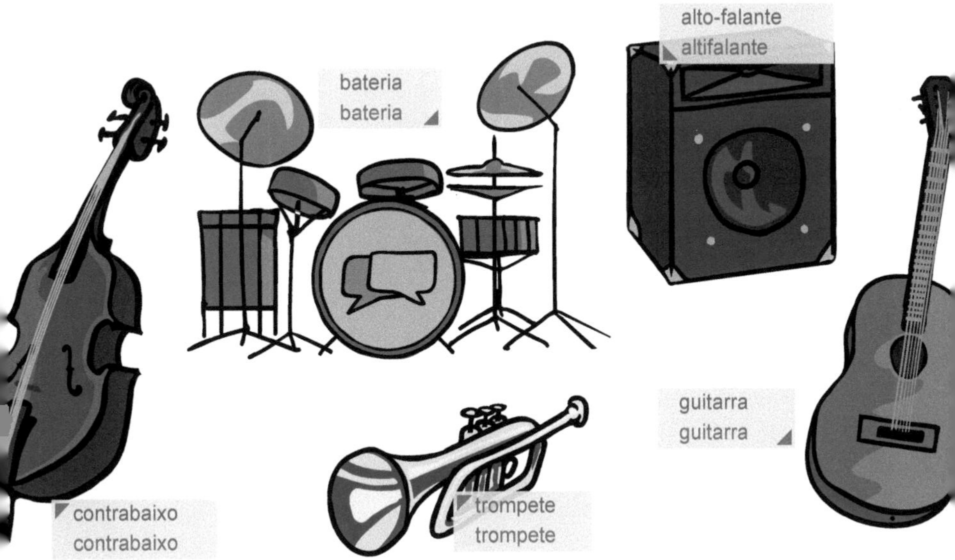

piano

piano

violino

violino

baixo

baixo

timbales

timbales

tambor

tambor

teclado

teclado

saxofone

saxofone

flauta

flauta

microfone

microfone

zoológico

jardim zoológico

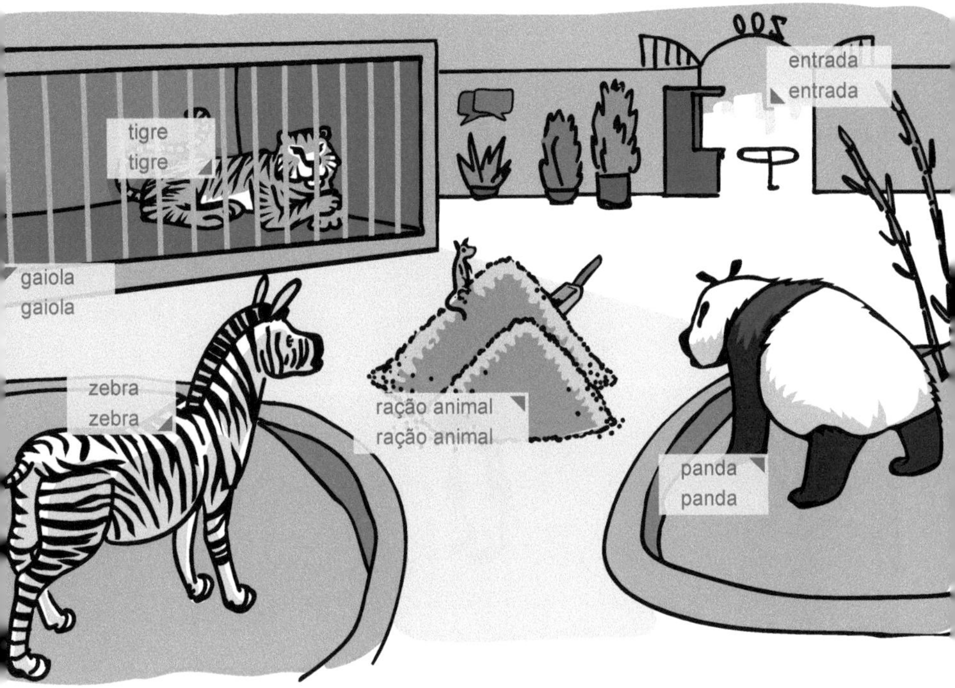

entrada
entrada
tigre
tigre
gaiola
gaiola
zebra
zebra
ração animal
ração animal
panda
panda

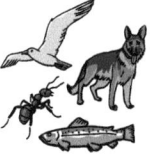

animais
animais

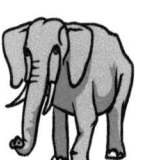

elefante
elefante

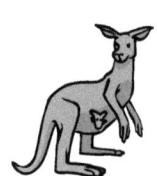

canguru
canguru

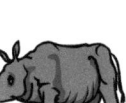

rinoceronte
rinoceronte

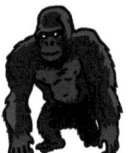

gorila
gorila

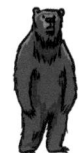

urso
urso

camelo

camelo

avestruz

avestruz

leão

leão

macaco

macaco

flamingo

flamingo

papagaio

papagaio

urso polar

urso polar

pinguim

pinguim

tubarão

tubarão

pavão

pavão

cobra

cobra

crocodilo

crocodilo

guarda do zoológico

guarda do jardim zoológico

foca

foca

jaguar

jaguar

pônei

pónei

leopardo

leopardo

hipopótamo

hipopótamo

girafa

girafa

águia

águia

javali

javali

peixe

peixe

tartaruga

tartaruga

morsa

morsa

raposa

raposa

gazela

gazela

futebol americano
futebol americano

ciclismo
ciclismo

tênis
ténis

basquete
basquetebol

natação
natação

boxe
boxe

hóquei no gelo
hóquei no gelo

futebol
futebol

badminton
badminton

atletismo
atletismo

handebol
andebol

esqui
esqui

polo
polo

atividades
atividades

rir
rir
pular
saltar
abraçar
abraçar
andar
andar
cantar
cantar
sonhar
sonhar
rezar
rezar
beijar
beijar

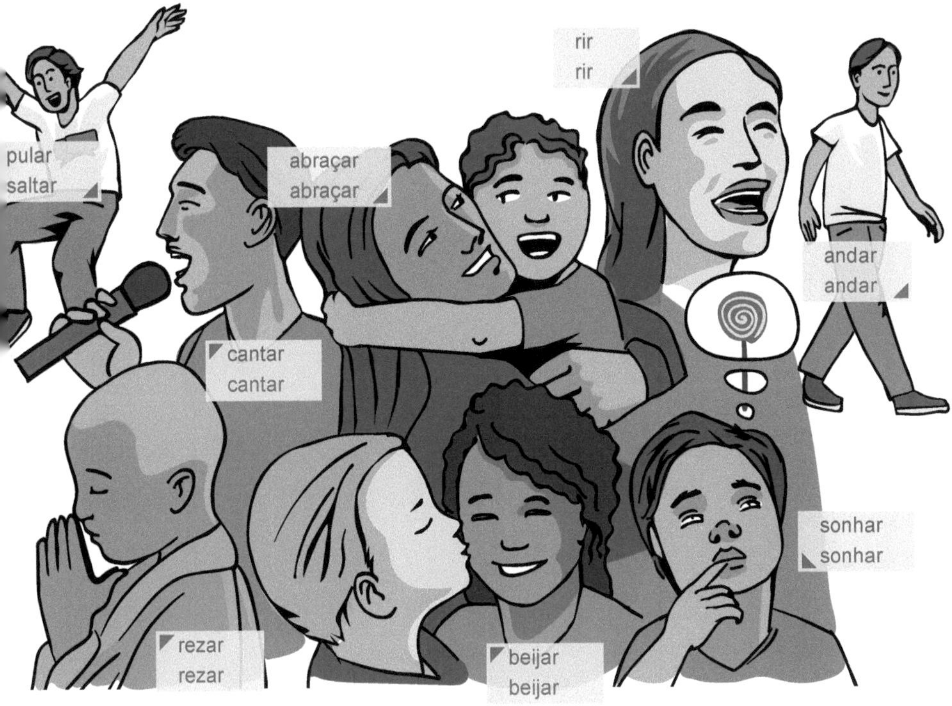

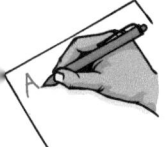

escrever
escrever

desenhar
desenhar

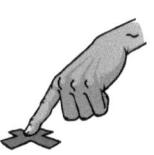

mostrar
mostrar

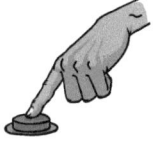

empurrar
empurrar

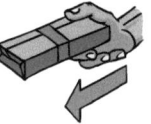

dar
dar

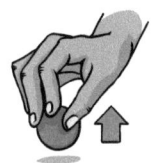

tomar
tomar

ter
ter

fazer
fazer

ser
ser

ficar de pé
ficar de pé

correr
correr

puxar
puxar

jogar
remessar

cair
cair

deitar
deitar

esperar
esperar

carregar
carregar

sentar
sentar

vestir
vestir

dormir
dormir

despertar
acordar

olhar para
olhar para

chorar
chorar

acariciar
acariciar

pentear
pentear

falar
falar

entender
compreender

perguntar
perguntar

ouvir
ouvir

beber
beber

comer
comer

arrumar
arrumar

amar
amar

cozinhar
cozinhar

dirigir
conduzir

voar
voar

atividades - atividades

velejar

velejar

calcular

calcular

ler

ler

aprender

aprender

trabalhar

trabalhar

casar

casar

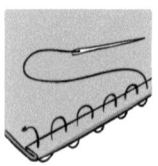

costurar

costurar

escovar os dentes

escovar os dentes

matar

matar

fumar

fumar

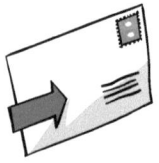

enviar

enviar

avó
avó

avô
avô

pai
pai

mãe
mãe

bebê
bebê

filha
filha

filho
filho

convidado
convidado

tia
tia

tio
tio

irmão
irmão

irmã
irmã

corpo
corpo

testa
testa
olho
olho
ombro
ombro
dedo
dedo
rosto
cara
queixo
queixo
mão
mão
peito
peito
perna
perna
braço
braço

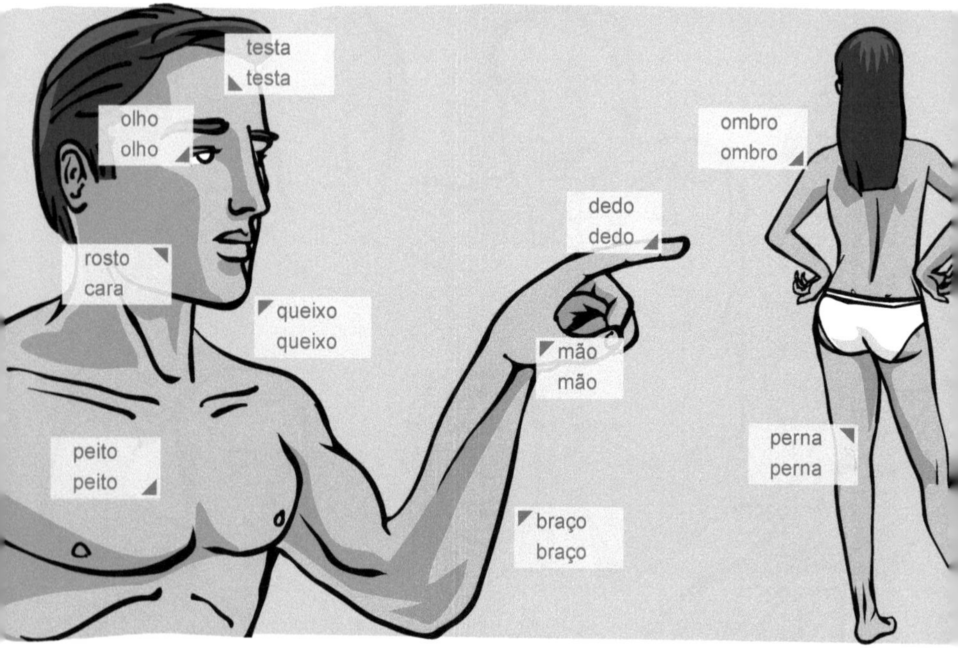

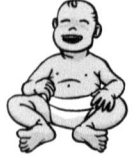

bebê

bebé

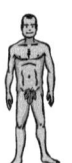

homem

homem

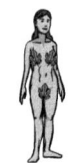

mulher

mulher

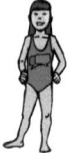

menina

menina

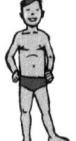

menino

menino

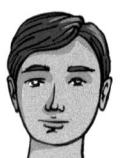

cabeça

cabeça

costas

costas

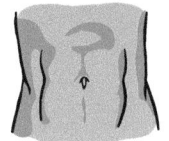

barriga

barriga

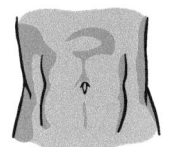

umbigo

umbigo

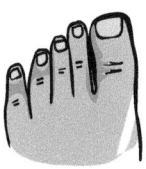

dedo do pé

dedo do pé

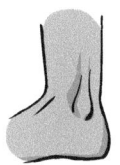

calcanhar

calcanhar

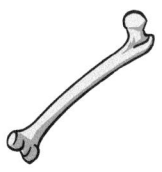

osso

osso

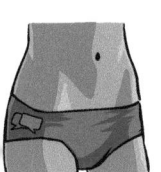

anca

anca

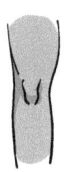

joelho

joelho

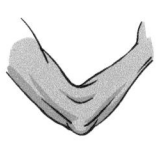

cotovelo

cotovelo

nariz

nariz

nádegas

nádegas

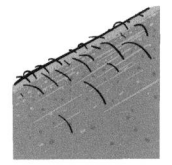

pele

pele

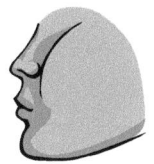

bochecha

bochecha

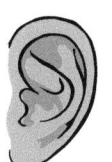

orelha

orelha

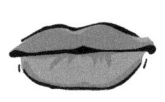

lábio

lábio

boca
boca

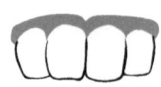

dente
dente

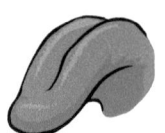

língua
língua

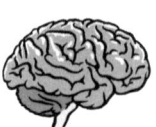

cérebro
cérebro

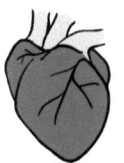

coração
coração

músculo
músculo

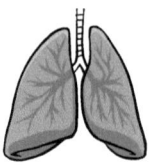

pulmão
pulmão

fígado
fígado

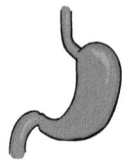

estômago
estômago

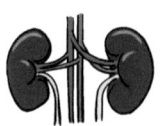

rins
rins

relações sexuais
relações sexuais

preservativo
preservativo

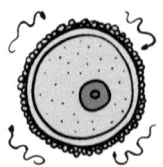

óvulo
óvulo

esperma
esperma

gravidez
gravidez

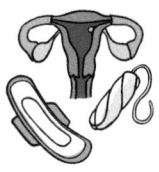

menstruação
menstruação

vagina
vagina

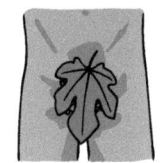

pênis
pénis

sobrancelha
sobrancelha

cabelo
cabelo

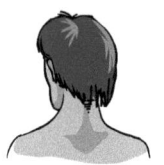

pescoço
pescoço

hospital
hospital

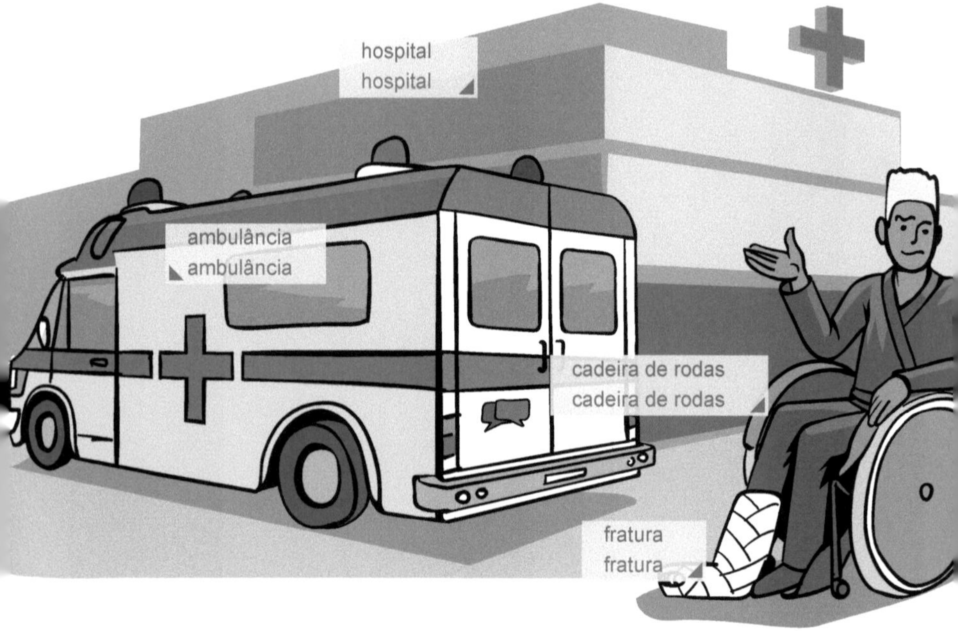

hospital
hospital
ambulância
ambulância
cadeira de rodas
cadeira de rodas
fratura
fratura

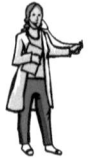

médico
médico

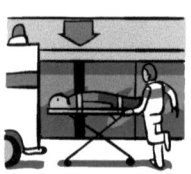

pronto-socorro
serviço de urgências

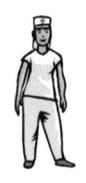

enfermeira
enfermeira

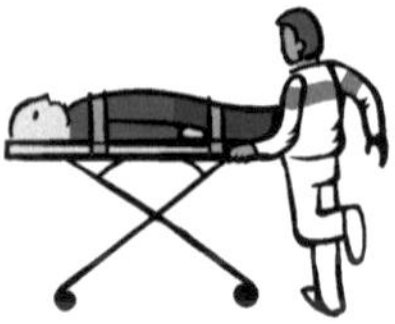

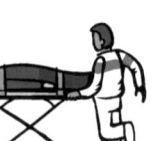

emergência
emergência

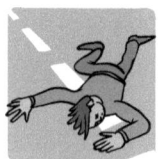

inconsciente
inconsciente

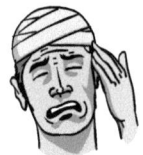

dor
dor

ferimento
ferimento

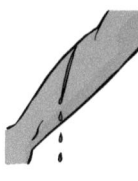

hemorragia
hemorragia

ataque cardíaco
ataque cardíaco

ente vacular cerebral
ente vascular cerebral

alergia
alergia

tosse
tosse

febre
febre

gripe
gripe

diarreia
diarreia

dor de cabeça
dor de cabeça

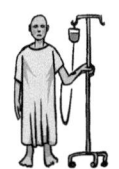

câncer
cancro

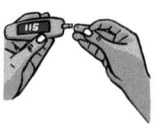

diabetes
diabetes

cirurgião
cirurgião

bisturi
bisturi

operação
operação

hospital - hospital

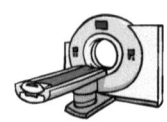

CT
CT

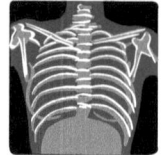

raio x
raio x

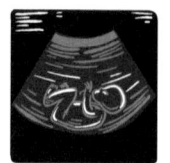

ultrassom
ultrassom

máscara
máscara

doença
doença

sala de espera
sala de espera

muleta
muleta

bandeide
penso rápido

ligadura
ligadura

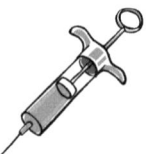

injeção
injeção

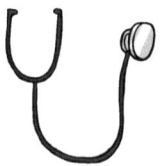

estetoscópio
estetoscópio

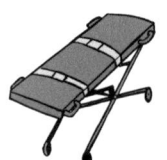

maca
maca

termômetro
termómetro

nascimento
nascimento

excesso de peso
excesso de peso

aparelho auditivo
aparelho auditivo

desinfetante
desinfetante

infecção
infeção

vírus
vírus

HIV / AIDS
HIV / SIDA

medicamento
medicamento

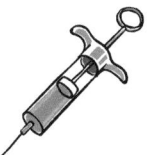

vacinação
vacinação

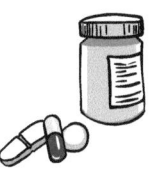

comprimidos
comprimidos

pílula
pílula

chamada de emergência
chamada de emergência

dispositivo de medição de
pressão arterial
dispositivo de medição de
pressão arterial

doente / saudável
doente / saudável

Socorro!

Socorro!

alarme

alarme

assalto

assalto

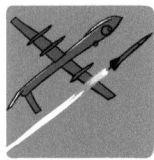

ataque

ataque

perigo

perigo

saída de emergência

saída de emergência

Fogo!

Fogo!

extintor de incêndios

extintor de incêndios

acidente

acidente

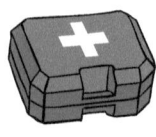

maleta de primeiros
socorros

estojo de primeiros socorros

SOS

SOS

polícia

polícia

Europa

Europa

América do Norte

América do Norte

América do Sul

América do Sul

África

África

Ásia

Ásia

Austrália

Austrália

Atlântico

Atlântico

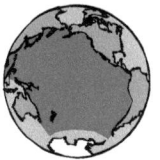

Pacífico

Pacífico

Oceano Índico

Oceano Índico

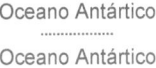

Oceano Antártico

Oceano Antártico

Oceano Ártico

Oceano Ártico

Polo Norte

Polo Norte

Polo Sul

Polo Sul

Antártica

Antártica

Terra

terra

terra

país

mar

mar

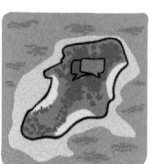

ilha

ilha

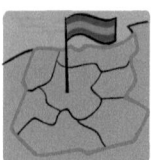

nação

nação

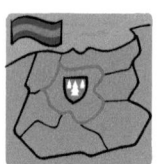

estado

estado

ostrador do relógio

ostrador do relógio

ponteiro das horas

ponteiro das horas

ponteiro dos minutos

ponteiro dos minutos

nteiro dos segundos

nteiro dos segundos

Que horas são?

Que horas são?

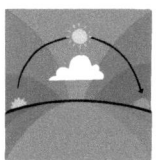

dia

dia

tempo

tempo

agora

agora

relógio digital

relógio digital

minuto

minuto

hora

hora

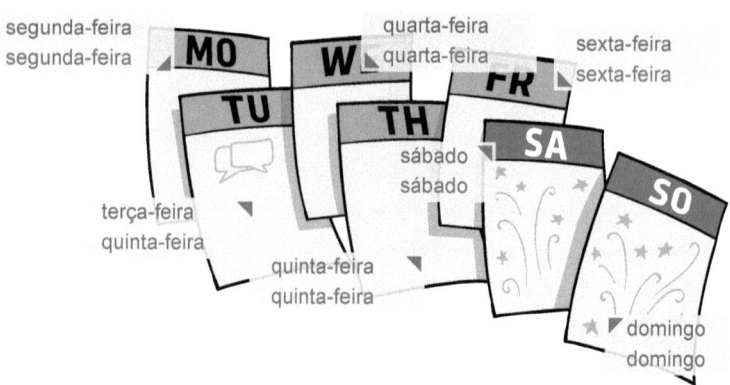

segunda-feira
segunda-feira

quarta-feira
quarta-feira

sexta-feira
sexta-feira

terça-feira
quinta-feira

sábado
sábado

quinta-feira
quinta-feira

domingo
domingo

ontem
ontem

hoje
hoje

amanhã
amanhã

manhã
manhã

meio-dia
meio-dia

entardecer
entardecer

MO	TU	WE	TH	FR	SA	SU
1	2	3	4	5	6	7
8	9	10	11	12	13	14
15	16	17	18	19	20	21
22	23	24	25	26	27	28
29	30	31	1	2	3	4

dias úteis
dias úteis

MO	TU	WE	TH	FR	SA	SU
1	2	3	4	5	6	7
8	9	10	11	12	13	14
15	16	17	18	19	20	21
22	23	24	25	26	27	28
29	30	31	1	2	3	4

fim de semana
fim de semana

chuva
chuva

arco-íris
arco-íris

vento
vento

neve
neve

primavera
primavera

outono
outono

verão
verão

inverno
inverno

4.APRIL	11°	☀
5.APRIL	4°	⛅
6.APRIL	13°	☁
7.APRIL	8°	❄
8.APRIL	10°	☀

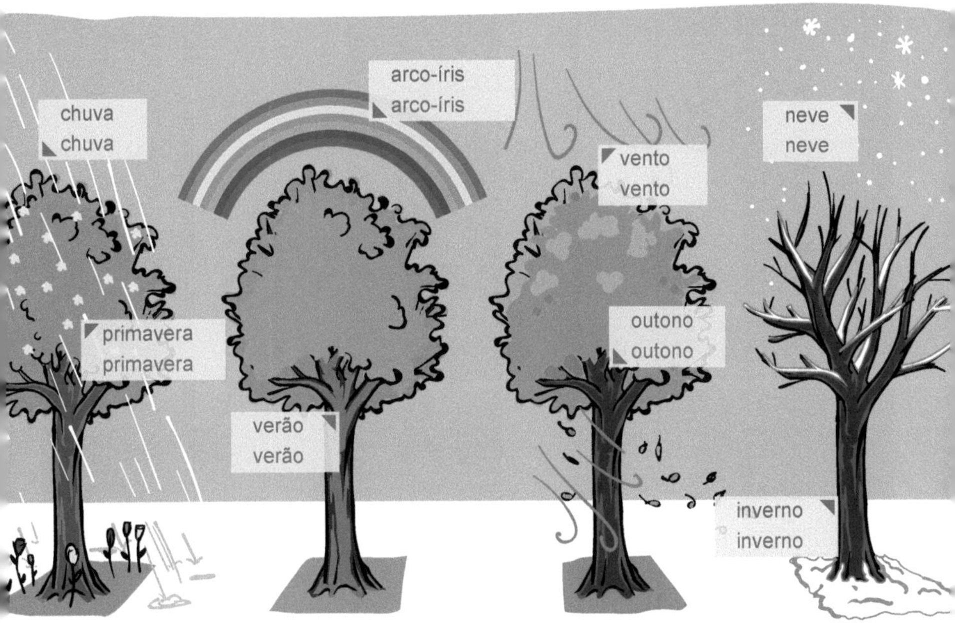

revisão do tempo
revisão do tempo

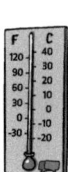

termômetro
termómetro

raio de sol
raios de sol

nuvem
nuvem

neblina / nevoeiro
neblina / nevoeiro

umidade do ar
humidade do ar

relâmpago
relâmpago

trovão
trovão

tempestade
tempestade

granizo
granizo

monção
monção

inundação
inundação

gelo
gelo

janeiro
janeiro

fevereiro
fevereiro

março
março

abril
abril

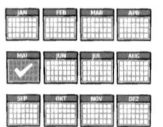

maio
maio

junho
junho

julho
julho

agosto
agosto

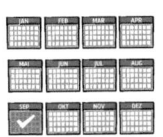

setembro
....
setembro

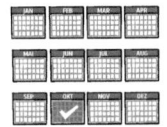

outubro
....
outubro

novembro
....
novembro

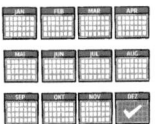

dezembro
....
dezembro

formas
formas

círculo
....
círculo

quadrado
....
quadrado

retângulo
....
retângulo

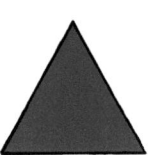

triângulo
....
triângulo

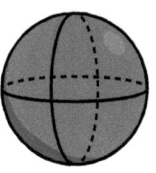

esfera
....
esfera

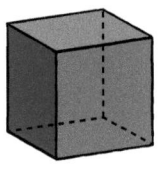

cubo
....
cubo

branco
....
branco

amarelo
....
amarelo

laranja
....
laranja

rosa
....
rosa

vermelho
....
vermelho

lilás
....
lilás

azul
....
azul

verde
....
verde

marrom
....
castanho

cinza
....
cinzento

preto
....
preto

muito / pouco
muito / pouco

furioso / tranquilo
furioso / calmo

lindo / feio
lindo / feio

começo / fim
princípio / fim

grande / pequeno
grande / pequeno

claro / escuro
claro / escuro

irmão / irmã
irmão / irmã

limpo / sujo
limpo / sujo

completo / incompleto
completo / incompleto

dia / noite
dia / noite

morto / vivo
morto / vivo

largo / estreito
largo / estreito

comestível / não comestível

comestível / não comestível

mau / gentil

mau / gentil

entusiasmado / entediado

entusiasmado / entediado

gordo / magro

gordo / magro

primeiro / último

primeiro / último

amigo / inimigo

amigo / inimigo

cheio / vazio

cheio / vazio

duro / macio

duro / macio

pesado / leve

pesado / leve

fome / sede

fome / sede

doente / saudável

doente / saudável

ilegal / legal

ilegal / legal

inteligente / idiota

inteligente / burro

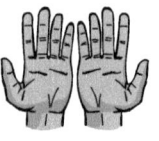

esquerda / direita

esquerda / direita

perto / longe

perto / longe

opostos - opostos

novo / usado
novo / usado

nada / alguma coisa
nada / algo

velho / jovem
velho / jovem

igado / desligado
igado / desligado

aberto / fechado
aberto / fechado

baixo / alto
baixo / alto

rico / pobre
rico / pobre

certo / errado
certo / errado

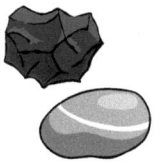
áspero / liso
áspero / liso

triste / feliz
triste / feliz

curto / longo
curto / longo

lento / rápido
lento / rápido

molhado / seco
molhado / seco

ameno / fresco
ameno / fresco

guerra / paz
guerra / paz

0 zero zero	**1** um um	**2** dois dois
3 três três	**4** quatro quatro	**5** cinco cinco
6 seis seis	**7** sete sete	**8** oito oito
9 nove nove	**10** dez dez	**11** onze onze

12

doze
doze

13

treze
treze

14

quatorze
catorze

15

quinze
quinze

16

dezesseis
dezasseis

17

dezessete
dezassete

18

dezoito
dezoito

19

dezenove
dezanove

20

vinte
vinte

100

cem
cem

1.000

mil
mil

1.000.000

milhão
milhão

inglês

inglês

inglês americano

inglês americano

chinês mandarim

chinês mandarim

hindi

hindi

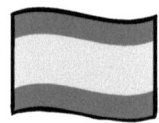

espanhol

espanhol

francês

francês

árabe

árabe

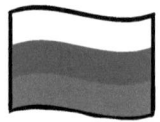

russo

russo

português

português

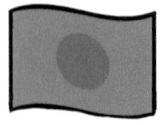

bengalês

bengalês

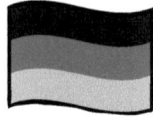

alemão

alemão

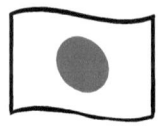

japonês

japonês

eu
eu

você
tu

ele / ela
ele / ela

nós
nós

vocês
vós

eles / elas
eles / elas

quem?
quem?

O quê?
o quê?

como?
como?

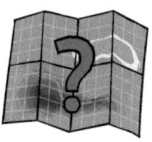

onde?
onde?

Quando?
quando?

nome
nome

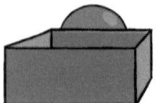

atrás
....
atrás

em
....
em

na frente de
....
à frente de

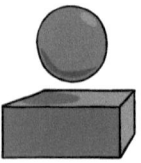

sobre
....
sobre

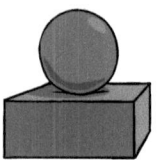

em cima
....
em cima

debaixo
....
debaixo

do lado
....
ao lado

entre
....
entre

lugar
....
lugar